Carl Iwan Bodo Freiherr von Hodenberg

# HANNOVERS

# BESETZUNG

## DURCH DIE

# PREUSSEN

## IM

## JUNI 1866

Die Deutsche Nationalbibliothek
verzeichnet diese Publikation
in der Deutschen Nationalbibliografie.


**Nach dem Original:**

Autor:

Freiherr von Hodenberg, Carl Iwan Bodo

Erstausgabe 1866
Druck und Papier von Friedrich Vieweg & Sohn
Braunschweig, 1866


**Neuauflage:**

Publiziert von:

Ottermanns, Stefan © 2021

Herstellung und Verlag:
BoD – Books on Demand, Norderstedt

ISBN: 9783752690385

Leidenstage sind auch Feiertage. Wir haben zwei solcher Tage erlebt. Der Patriotismus der Hannoveraner hat sich glänzend bewährt und die Ansicht, dass unser Land seiner Lage nach keine selbstständige Politik gegen einen ernsthaften Angriff seitens preussischen Nachbarlandes bewahren dürfe, ist widerlegt. Erst am Mittag des 15. Juni gelangte die preussische Erklärung an den König, welche ihm keine andere Wahl liess, als **entweder** Lossagung vom Bunde und von Deutschland, Anschluss an Preussen und Mediatisierung nach den preussischen Reformvorschlägen, **oder** eine Kriegserklärung binnen 12 Stunden. Mit würdiger Entschiedenheit wies Se. Majestät die gestellten Ansinnen sofort zurück und in der Nacht darauf erfolgte in der That die Kriegserklärung; die längst gerüsteten übermächtigen Heere des Feindes standen an den Grenzen, ja hatten diese bei Hamburg schon vor erfolgter Kriegserklärung überschritten, und dennoch gelang es in den nächsten 36 Stunden dem unermüdeten Eifer der Regierung, der Militär- und Civilbehörden, namentlich der Eisenbahnverwaltung und der wackern Hülfeleistung der hannoverschen Bürger aus Stadt und Land, die ganze auf dem Feindesfusse befindliche über das Land zerstreute Armee mit dem meisten Material um den König im Süden des Landes zu concentriren, das Eisenbahnmaterial fortzuführen und die Cassen in Sicherheit zu bringen. Und als der König und der Kronprinz mit der Armee fortgezogen waren, gab die Königin auf die erste Nachricht, dass die Preussen herannahten, muthig den Befehl, auch das letzte Bataillon, das zu ihrem Schutze geblieben war, sofort nachzusenden, damit es nicht abgeschnitten und gefangen würde.

Schöne Züge von Entschlossenheit einzelner Commandeurs und Beamten wurden erzählt, die ohne Anweisung auf eigne Hand vorschritten, von der Treue der einzelnen Soldaten, die ihre Regimenter suchten. Wenn in der zweiten Kammer am gestrigen Tage die Tribünen der preussenfeindlichen Rede des Herrn Bennigsen ihr Bravo zuriefen, oder wenn die vornehmen und niedern Bummler auf den Strassen die Schritte der Regierung und den Mangel an Vorbereitung und Ordnung bemäkelten, so jubelten doch noch viel mehr Stimmen den abziehenden Regimentern und dem scheidenden König nach, und besser als jene Mäkler arbeiteten patriotische Freiwillige Tag und Nacht, um das Kriegsmaterial an der Eisenbahn zu verladen. Unsere Liberalen erkannten plötzlich, dass die Menge des Volkes ihnen doch nicht bis zur Verläugnung des hannoverschen Patriotismus folgte.

Es ist freilich nicht alles mit musterhafter Ordnung hergegangen; wenn ein seit 50 Jahren im Frieden lebendes Land ohne alle Vorbereitung in solcher Weise angegriffen wird, wie könnte man da Ruhe und Ordnung erwarten; es haben auch manche den Kopf verloren; es sind auch einzelne Züge von Feigheit oder hässlichem Egoismus hervorgetreten; aber das Gesammtresultat dieser beiden Tage ist ein glänzendes; das war kein 1803, Hannovers Ehre ist bewährt in der Treue und dem Eifer seiner Unterthanen.

Unser geliebter König hat selbst ausgesprochen, welche Gefühle Ihn in diesen schweren Stunden beseelten. Wir entnehmen der liberalen und preussenfeindlichen Zeitung für Norddeutschland von gestern (16. Juni) den Bericht über die Antwort, die Se. Majestät in der Nacht Seiner Abreise den Vertretern der Residenz ertheilte:

„Um die Abreise Sr. Ma. des Königs, wenn irgend thunlich, noch abzuwenden, beriefen Abends gegen 10 Uhr der Stadtdirector und der Worthalter der Bürgervorsteher noch eine gemeinschaftliche Sitzung der städtischen Collegien, welche über Erwarten zahlreich gegen Mitternacht und später sich zusammenfanden. Ungewiss darüber, ob Sr. Maj. die Residenz bereits verlassen habe oder nicht, oder dieselbe in den nächsten Frühstunden verlassen werde; zweifelhaft, ob man so tief in der Nacht, fast gegen Morgengrauen noch eine Audienz erhalten werde, und so gut wie ohne Hoffnung, dass eine darin vorgetragene Bitte von erfolg sein werde, beschloss man doch fast einstimmig, im Hinblick auf die drohenden, durch die Abwesenheit Sr. Maj. so unübersehbar gesteigerten Calamitäten, den Versuch zu machen, den man der Bürgerschaft wie dem Lande schuldig zu sein glaubte. Man erblickte den Anlass der bevorstehenden Noth in der Zustimmung Hannovers zu dem Bundesmajoritätsbeschluss; glaubte, dass eine andere Haltung Hannovers uns vor dem Elende bewahren würde; man war auch der Meinung, das eine veränderte Politik Hannovers dasselbe uns zu ersparen noch im Stande sei, wenn feindliche Occupationstruppen unser Land besetzen, eine feindliche Regierung Gehorsam fordere, und die Unterthanenpflicht damit in Widerstreit gerathe. So beschloss man denn fast einstimmig, noch sofort in der Nacht bei Sr. Maj. um eine Audienz nachzusuchen, und um Aenderung der Entschliessungen zu bitten.

Zwanzig oder einundzwanzig Mitglieder der Collegien fuhren nach Herrenhausen und kamen gegen 1½ Uhr Morgens dort an; die Fenster des Schlosses waren noch erleuchtet.

Der Flügeladjutant Oberst Kohlrausch übernahm die Meldung, und nachdem der Inhalt der Bitte schriftlich mitgetheilt war, wurde die Audienz bewilligt. Als die Deputation in den Saal geführt war, erschienen Se. Maj. der König, Ihre Maj. die Königin und Se. königl. Hoh. der Kronprinz. Der Stadtdirector ergriff das Wort, trug vor und begründete ausführlicher die Bitte der Collegien:

die königl. Residenzstadt und das Land nicht zu verlassen; dagegen Maassregeln zu ergreifen, welche Se. Maj. das, in Folge des Bundesbeschlusses vom 14. d. M. vielleicht in Frage gestellte Verbleiben im Lande ermöglichen, und dem Lande die Segnungen des Friedens bewahren.

Se. Maj. der König erwiderte darauf in längerer Rede, aus welcher wir jedoch nur die leitenden Gedanken wiederzugeben im Stande sind: Seine Politik sei von jeher eine streng föderative gewesen; das Bundesrecht erfordere, wenn zwei Bundesstaaten mit Waffen einander bedrohten, das Einschreiten der Bundesgewalt und die Mobilisirung der Bundesarmee. Von diesem Bundesrechte streng geleitet, habe Er dem Beschlusse des Bundes zugestimmt, aber in einer, auch von der Mehrheit adoptirten Form, welche dem Beschlusse jeden Charakter der Feindseligkeit gegen Preussen benehme, indem eben die Mobilisirung der österreichischen Bundescorps nicht verfügt worden sei. Preussen habe nun an Ihn Forderungen gestellt, deren Erfüllung das Königreich mediatisiren, die Selbständigkeit der Krone, des Landes und jedes Einzelnen vernichten würde; und Forderungen, welche mit Seiner Ehre und Pflicht unvereinbar seien. Er sei überzeugt, dass für den Schutz jener theuersten Güter jeder Hannoveraner seinen letzten Blutstropfen vergiessen werde.

Daher sei es Ihm unmöglich, Maassregeln anzuordnen, welche das Land vor dem Drucke feindlicher Occupation bewahrten. Der ausser Verhältniss überlegenen Kriegsmacht gegenüber sei Er auch ausser Stande, die Residenzstadt zu schützen. Um die Selbständigkeit des Königreiches zu retten, concentrire Er seine Truppen in den südlichen Provinzen und werde mit Seinem theueren Sohne, dem Kronprinzen, denselben dorthin folgen. Dort hoffe Er sich halten zu können. Und wenn die Hannoveraner in früherer Zeit ihre Treue auch dem ausser Landes residirenden Königshause unwandelbar bewahrt, so werde dasselbe auch jetzt der Fall sein; wo Seine Entfernung mit den Truppen das einzige Mittel sei, die Rechte der Krone und des Königreiches zu wahren. Wenn aber der König mit dem Kronprinzen auch den Truppen folge, so lasse Er doch Seine, theuersten Güter hier zurück: Ihre Maj. die Königin und I.I.K.K.H.H. die Prinzessinen würden in der Mitte Ihrer treuen Unterthanen verbleiben. So schmerzlich Ihm die gegenwärtige Nothwendigkeit sei, als Christ, als Monarch und als Welf könne er nicht anders.

Der Stadtdirector bezeugte, mit wie grosser Freude die Bürgerschaft vernehmen werde, dass Ihre Majestät die Königin und die königlichen Prinzessen hier bleiben würden; suchte dann noch einmal den dringenden Wunsch der Corporation geltend zu machen, und wiederholte die Hoffnung, dass doch noch Sr. Maj. es gelingen könne, durch zu ergreifende Massregeln die Geschicke abzuwenden; Se. Maj. aber sprach von Neuem mit fester Überzeugung die Unmöglichkeit, dass solches geschehe, und zugleich die Zuversicht aus, dass die Gerechtigkeit Gottes einen glücklichen Ausgang gewähren werde.

Ihre Majestät die Königin sprach mit ergreifender Stimme und mit Thränen in den Augen Ihren Entschluss aus, inmitten Ihrer Bürger zu bleiben, die Ihr einziger Schutz sein würden."

In der That, der König konnte nicht anders handeln, das hatten mit Ihm Seine Minister längst erkannt und sind darin mit Sr. Majestät in Uebereinstimmung geblieben. Hannover hatte sich seit Jahren in allen Bundesfragen, namentlich in der Schleswig-Holsteinschen Sache mit sorgfältiger Vorsicht streng an die Bundesgesetze gehalten, es hatte an den Conferenzen und Verabredungen der süddeutschen Mittelstaaten nicht Theil genommen, alle Provocationen gegen Preussen streng vermieden, und um die Parteilosigkeit streng festzuhalten, hatte es sowohl den von Preussen angebotenen Neutralitäts-Vertrag, als das wiederholte Anerbieten Oesterrreichs, seine in Holstein stehende Brigade Kalik für den Fall, dass Hannover von Preussen angegriffen werden sollte, mit der hannoverschen Armee zu vereinigen abgelehnt. Welch gutes Gewissen Hannover noch bei seiner letzten Abstimmung am Bunde hatte, geht schon daraus hervor, dass an demselben Tage, wo diese von der Regierung beschlossen wurde, auch der von Preussen erbetene Durchmarsch einer Armee von 15000 Mann von Hamburg nach Minden bewilligt wurde.

„Sie werden ja wohl nicht um Erlaubniss zum Durchmarsch einer Armee bitten, mit der Sie Hannover zu occupiren beabsichtigen", soll einer der Minister dem Preussischen Gesandten gesagt haben. Aber es kam noch unerwarteter. Das Manteuffelsche Corps machte am 15. von jener Erlaubniss Gebrauch, obwohl die Sommation erst an demselben Tage überreicht, die Kriegserklärung noch nicht erfolgt war. Soviel wir wissen, ein in der deutschen Geschichte unerhörter Fall.

Die Regierung hatte ein gutes Gewissen; hatte sie sich bisher streng ans Bundesrecht gehalten, keine Partei gegen die Preussen ergriffen, so that sie dies auch bei ihrem Votum über den Oesterreichschen Antrag auf Mobilisirung der Bundesarmee; sie stimmte diesem Antrage selbst nicht zu; sie liess sich auf keine Beurtheilung des Streites der beiden Mächte in Schleswig-Holstein ein; aber da diese völlig gerüstet jeden Augenblick zum brudermörderischen Angriffe übergehen zu wollen schienen, war es nach den Bundesgesetzen ihre Pflicht, den von nichtbetheiligten Regierungen zur Bewahrung des Friedens zu treffende Maassregeln ihre Zustimmung zu geben. Sie wusste wohl, dass dieses gefährlich war. Sollte Sie Ihre Pflicht verletzen, weil mit der Pflichterfüllung Gefahr verbunden war? Man mag den Bund verspotten, obgleich er seit 50 Jahren den Frieden Deutschlands bewahrt und das Nationalgefühl, die Einigkeit und das materielle Wohl gefördert hat. Es ist jedenfalls gewiss, dass er sich im Augenblicke der grössten Gefahr und Prüfung bewährte; den ein Bund wird nicht bewährt durch die Macht, sondern durch die Treue seiner Glieder; obwohl Preussen vorher mit Krieg gedroht hatte, blieb Hannover seiner Bundespflicht getreu. Es ist thöricht zu behaupten, Hannover hätte vorher rüsten müssen, wenn es ein solches Votum abgeben wollte. Der Antrag kam erst so kurz vorher, dass keine Rüstung mehr möglich war; und wenn sie nicht mit Gefahr verbunden ist oder wenn sie nur in voller Rüstung geschehen kann, so ist von Bundesfrieden und Bundestreue keine Rede mehr. Uebrigens konnte Hannover auch gar nicht rüsten, denn Preussen bewachte seit Monaten sorgfältig und drohend alle militairischen Verwaltungsmaassregeln und hätte jede frühere Rüstung ohne Zweifel mit einer frühen Occupation abgeschnitten.

Die Regierung konnte ferner nicht rüsten, weil ihr die Mittel unfehlbar von der Majorität der zweiten Kammer verweigert wären, deren Führer, von Bennigsen, der Präsident des Nationalvereins, seit Jahren für die Mediatisirung Hannovers gerichteten Pläne arbeitete. Die Regierung wollte endlich nicht rüsten, um den Anlass zum Bruderkriege nicht zu geben, zu dem schon so viel Stoff zusammengetragen war. Sie ist also ruhig im Friedenszustande geblieben, und in diesem am 15. Juni von der Sommation, der Kriegserklärung und dem Einmarsche der vorher bereit gehaltenen übermächtigen Heere Preussens, Alles an ein und demselben Tage überrascht.

Hätte Hannover die Bedingungen der Sommation annehmen sollen (eine noch versuchte Unterhandlung wurde nicht angenommen)? Diese Bedingungen waren

1) Zurückführung der Armee nicht auf den gewöhnlichen bundesmässigen Friedenfuss, denn auf diesem befand sie sich, sondern unter denselben, also eine Demüthigung;

2) Einberufung des Parlaments nach Preussens Belieben, das hiess: Lossagung vom Bunde und von Deutschland:

3) Eingehen auf die Preussischen Reformvorschläge, also Halbirung Deutschlands durch Hinausstossen Oesterreichs, Theilung des Restes unter Preussen und Baiern und Mediatisirung Hannovers unter den Preussischen Theil, so das Se. Majestät unser König weniger über seine Armee zu sagen haben würde, als die Deputirten unseres Landes in Parlamente. Wir sind begierig, ob die Herren vom Nationalverein auf die Dauer diesen Modificationen des Grafen Bismark zu ihrem bekannten kleindeutschen Programm zustimmen werden. Ein sehr kluges Mitglied unserer zweiten Kammer soll gesagt haben, es sei viel Gutes und brauchbares darin.

Se. Majestät wies die Sommation zurück und berief Seine kleine Armee um sich, und alle Treuen im Lande jubelten ihm zu. Die Nationalvereinler sind allerdings klug; sie denken erst das Bismark'sche Programm, und dann dadurch nachher das ihrige zu erlangen; wir ziehen Treue und Gewissenhaftigkeit der Klugheit vor; nur das giebt dem Staatsmann Ansehen nach oben und unten, nur das bringt den Regenten und Völkern endlich Segen von Dem, der die Welt regiert.

Dass man preussischerseits Hannover mistraute, ist zu begreifen, denn namentlich in letzterer Zeit waren die Antipathieen gegen Preussen in unserem Lande vielfach zu Tage getreten; was Wunder, konnte man doch seit Jahren nicht einen Fuss in Preussisches Gebiet setzen, nicht mit Preussen zusammenkommen, ohne das man das uns widerwärtige renommirende Gerede hörte:

„Preussen muss und wird Hannover haben, das ist ein historischer Beruf." Dass man hannoverscherseits gegen Preussen Misstrauen hegte, war gerechtfertigt, nicht nur durch die Erinnerung an die Vergewaltigung unseres Landes im Jahre 1806, sondern auch vorzüglich durch den Umstand, dass der Graf Bismark jenen historischen Beruf Preussens und die Machterweiterung in Norddeutschland auf sein Programm geschrieben hatte. Man war bei den bedeutenden Talenten dieses Mannes trotz der Achtung, die man der Gewissenhaftigkeit des Preussischen Monarchen zollen musste und trotz des Vertrauens auf die christlich Conservativen in Preussen wenig beruhigt. Aber Hannover hat seines Misstrauens ungeachtet seine Handlungsweise bis zum letzten Augenblicke nicht geändert; Preussen dagegen — —

Die ersten Preussischen Husaren ritten am heutigen Morgen gerade in derselben Stunde in die Calenbergerstrasse unserer Residenzstadt ein, als von den Kanzeln im ganzen Lande die Epistel zum 3. Sonntage nach Trinitatis verlesen oder darüber gepredigt wurde:

1. Petr. 5. 6 bis 11: „So demüthigt euch nun unter die gewaltige Hand Gottes, dass Er euch erhöhe zu seiner Zeit." Es können der Prüfungen noch schwere kommen, wenn unser König und seine kleine Armee in ihrer schwierigen Lage von Unglücksfällen heimgesucht werden solle. Es kann auch unheilvolle Verwirrung im Inneren entstehen, wenn, was wir nicht glauben wollen, die Bennigsen'sche Partei sich auf Dauer von der Bismark'schen Politik gebrauchen lassen sollte. Aber wir hoffen, dass die Erfahrungen der letzten Tage die Treue und die sittliche Kraft unseres Volkes in einer Weise geweckt und gestärkt haben, dass diese auch schlimmere Zeiten überdauern werden. Die sittliche Kraft ist die Bürgschaft für das Leben der Völker, nicht ihre Einrichtungen. In unserem Familienleben, in der Arbeitsamkeit und Ehrlichkeit unseres Volkes, in der Gewissenhaftigkeit unserer Beamten, in der Treue und Vaterlandsliebe aller Hannoveraner, die noch nicht vom Parteigeiste geblendet sind, ist die Selbständigkeit unseres Landes gewährleistet. Eine solche sittliche Kräftigung kann auch allein die ganze deutsche Nation wieder erheben und vereinigen.

Zehn Jahre lang beteten im Anfang dieses Jahrhunderts Eltern, Geschwisetr, ja selbst Gattinnen und Kinder für unsern König Georg und unsere männliche Jugend, die in der Ferne den Vaterlandsfeind bekämpfte, und obwohl ganz Europa fast an seinem Geschick verzweifelt hatte, das hannoversche Volk verzweifelte nicht und glaubte nicht an die öffentliche Meinung und das Gerede der Zeitungen.

Jene Gebete hat Gott erhört. Seitdem haben Viele in unserem Volke das Beten verlernt, haben Viele auch gewissenhafte Treue verloren und an Pflichteifer abgenommen, darum:

„lasst uns nun wieder uns demüthigen unter die Hand des Gottes, der uns erhöhen wird zu Seiner Zeit."

Die Kreuzzeitung vom heutigen Tage bringt uns an ihrer Spitze ein Stück aus einer **Predigt**! und danach eine Reihe von unrichtigen, zum Theil aus demokratischen Blättern genommenen Nachrichten über Hannover und die Nachbarländer: In Hannover sei eine Ministerkrisis, eine Volksbewegung, der König nach England geflohen, die Königin wolle ihm folgen; dazu die Proclamationen der in Hannover einmarschierenden Generäle: die Regierung habe die Residenz verlassen (obwohl die Minister bis heute in Thätigkeit geblieben), Hannover, Hessen und Sachsen hätten eine Executionsarmee gegen Preussen ins Feld stellen wollen; die Bevölkerung seien mit ihren übermüthigen Regierungen unzufrieden u.s.w. Alles dies passt vortrefflich zum deutschen Parlament, zu der Conferenz des Herrn v. Bismark mit dem Präsidenten des Nationalvereins von Bennigsen, zu dem Bündniss mit Italien und dem wahrscheinlichen Einverständniss mit Frankreich. Aber was soll die Predigt dazu? Wir erinnern uns, dass vor einiger Zeit eine Versammlung von Conservativen in Berlin nach einer begeisternden Rede v. Blankenburgs über die Bismark'sche Politik mit einem lauten „Vater Unser" schloss. Werden diese Herren nach dem Verfahren Preussens gegen Hannover noch gleiches thun? Der ehrwürdige Rundschauer hat der Kreuzzeitung am Tage der Kriegserklärung gegen Hannover den Absagebrief geschrieben und wenn die Redaction dabei bemerkt, dass sie hoffe auf christlichem Gebiete noch eines Sinnes mit ihm zu sein, so müssen wir dagegen bemerken, dass wir auf politischem Gebiete uns mit dem Rundschauer eines Sinnes wissen, der stets Gewissenhaftigkeit, Treue und Ehrlichkeit über Alles, selbst über den „historischen Beruf", die „Machtentfaltung" und den „Muth, die Raschheit und Präcision der Heere" gestellt hat; und zu solcher Treue stärkt sich ein Jeder besser stille in seinem Kämmerlein, als durch laute Predigten und Vater Unser in Zeitungen und Versammlungen.

Vierzehn Tage sind verflossen seit der preussischen Kriegserklärung und schon ist das Schicksal unserer Armee entschieden. Hat dieser kurze Feldzug, hat diese Entscheidung die Ansicht widerlegt, dass Hannover keine andere Politik befolgen durfte? Wär es besser gewesen, sich vor Preussen zu demüthigen, sich treulos vom deutschen Bunde im Augenblicke der Gefahr loszusagen und das Schicksal des Landes von den Reformplänen des Grafen Bismark und seinen Verhandlungen mit seinem Parlamente und der deutschen Demokratie abhängig zu machen? Wir verweisen auf Oldenburg, Mecklenburg, Gotha u.s.w. Sie haben sich gefügt, haben den Bund verlassen, haben aber auch schon mobilisiren und ihr Blut vergiessen müssen. Wozu, für welchen Lohn und Gewinn? Es ist der Kampf Deutschlands wider das Preussenthum; nicht gegen das Preussen, das selbst deutsch, auch deutschen Geist, deutsche Freiheit und Tugend, Kunst und Wissenschaft gepflegt hat, sondern gegen das Preussenthum, das Deutschland zerreissen, deutsche Freiheit und deutschen Geist in bureaukratisch-centralisirte formen einzwängen, die Selbständigkeit und das frische Sonderleben der einzelnen deutschen Stämme von den Zänkereien mit einer demokratischen Parlamentsmajorität abhängig machen will.

Wir wollen nichts wissen von deutscher Einheit, die auf Unterdrückung der schwächeren Nachbarn, von militärischer Kräftigung, die auf Eroberungskriege ausgeht. Mögen davon Viele, mochten die Regierungen von Oldenburg, Schwerin und Gotha das Heil ihrer Völker von solcher Politik erwarten; Hannover hat sich diese Frage gar nicht vorgelegt. Hannover hat nicht diese oder jene Pläne und Ideale für Deutschlands Zukunft verfolgt; es hat nur seine Pflicht, seine Bundespflicht gethan.

Hannovers wackre Krieger fielen bei Langensalza mit freudigem Enthusiasmus für die Vertheidigung ihres angegriffenen Vaterlandes, für die Sache der Ehre und des Rechts. Wofür fielen die Coburger bei Langensalza? Und wenn Hannover seiner Pflicht gegen Deutschland untreu sich vor Preussen gedemüthigt hätte, wären nicht seine Krieger, vielleicht schon auf einem anderen Felde, eben wie jene Coburger hingeopfert? Ist es gewiss, dass die Gefilde unseres Landes nicht ebenso verwüstet wären, wie die Felder von Gotha? Wir wissen auch unseren König lieber im vorübergehenden Exile, als, wie den Herzog von Coburg, im preussischen Hauptquartier, im Bund mit Victor Emanuel deutsche Brüder bekämpfend. Unser geliebter König! Er hat im tiefsten Inneren die Verantwortlichkeit Seiner Lage schmerzlich fühlend, doch keinen Augenblick die muthige Gelassenheit verloren, im nächtlichen Bivouak und inmitten des Kampfes, wo Ihn nur die Sorge für den theuren Kronprinzen die größte Gefahr aufzusuchen zurückhielt, das Loos Seiner Soldaten getheilt. Er hat keinen Augenblick gezögert, Seine Pflicht als Deutscher Bundesfürst, die Ehre Seiner Krone und die Unabhängigkeit Seines Landes zu vertheidigen; aber auch keinen Augenblick gewartet, vor der Uebermacht den nutzlos gewordenen Kampf aufzugeben.

Unser Heer hat sich bewährt. Von einem seit Monaten gerüsteten Feinde, der, zum Theil noch vor erfolgter Kriegserklärung, unsere getrennten Provinzen mit seinen mächtigen Heeren überschritt, der von seinen Festungen Minden, Magdeburg und Erfurt aus, mit Hilfe des ganzen Eisenbahn- und Telegraphen-Netzes, das er beherrschte, unterstützt von fanatischen oder verrätherischen (Dank den Agitationen des Nationalvereins) Spionen, wurde es ungerüstet, zerstreut überrascht.

Aber in zwei Tagen sammelte es sich im Süden des Landes und wuchs in wenigen Tagen um mehrere Tausend an, als die Reserven und Freiwilligen aus allen Theilen des Landes (auch Ostfriesland) durch die Wälder und Felder sich durchzuschleichen wussten, um in echter deutscher Treue zu ihren Fahnen eilen. Der schönste Gegenbeweis gegen die revolutionären Behauptungen in den Proclamationen der einmarschierenden preussischen Generale, als wäre die Hannoversche Bevölkerung unzufrieden mit ihrer Regierung. Wer dann wenige Tage darauf diese Truppe mit Blumen geschmückt, mit lautem Jubel aus Göttingen ins Feld hat ziehen sehen, der kann davon zeugen, dass sie wohl wusste, welcher Gefahr sie entgegen ging, dass sie aber freudig ihren König und Vaterland zu vertheidigen auszog, freudiger als die preussische Landwehr, die zu einem Einfall in Deutsche Bruderländer aufgerufen war. Wir hofften, dass es der Armee gelingen möchte, sich zu den Deutschen Verbündeten durchzuschlagen; aber Preussen, das über alle Eisenbahnen verfügte, hatte schon durch den Einfall in Hessen und die Besetzung der Thüringischen Länder den Durchmarsch durch das Deutsche Bundesgebiet verlegt.

Indess rückte unsere Armee gut geführt, im besten Geiste, in scharfer Manneszucht, alles baarbezahlend (während die preussischen Heere schon schwere Contributationen auf unsere Provinzen legten) durch das feindliche Land, bis sie auf den Feind traf, und obwohl erschöpft und Mangel leidend doch diesen mir einer vom Könige von Preussen anerkannten Bravour am 27. Juni bei Langensalza auf das Haupt schlug *).

*) Auf dem Schlachtfelde kämpften etwa 16000 Hannoveraner (circa 2000 waren ausserhalb des Kampfplatzes geblieben) gegen eine gleich grosse Anzahl Preussen und Gothaer. Die amtlichen Berichte werden dieses ergeben.

Wenn sich der König mit Seiner erschöpften Armee am folgenden Tage vor den übermächtigen Heeren der Generale v. Manteuffel und v. Goeben unter ehrenvollen Bedingungen ergeben musste, so hat sie nicht nur in treuer Diensterfüllung die Ehre, sondern auch den alten Ruhm aufrecht erhalten, und kann in der gegenwärtigen Demüthigung getrost auf bessere Tage harren.

Aber „das Alles ist ein schlechter Trost", wird mir entgegengehalten; muss nicht unser Land jetzt trauern um das Blut seiner Söhne, ist es nicht gänzlich in der Hand des Feindes wie Preussen vor dem Frieden von Tilsit, wird es nicht schwer gedrückt von den Lasten des Krieges, wird es nicht schliesslich schlechter behandelt werden von dem siegreichen Feinde, als die Fürsten von Oldenburg, Mecklenburg, Gotha u.s.w. Darauf ist die Antwort leicht gegeben: Bluten und Zahlen muss in diesem unseligen Bruderkriege das eine und das andere deutsche Land, mag seine Regierung in muthiger Pflichttreue oder aus Uebermuth in den Kampf gegangen sein, oder trotz feiger Untreue dazu gezwungen werden. Das schliessliche Schicksal entscheidet aber Der, welcher die Geschicke aller Völker nach seinem göttlichen Planen regiert. Wer sich über Pflicht und Ehrverletzung mit klug berechnetem Gewinn trösten will, der kann freilich nicht begreifen, welcher Trost inmitten schwerer Demüthigung im Gefühl des reinen Gewissens und der geretteten Ehre liegt. Das eben ist der herrliche Gewinn der letzten Wochen, dass unser Hannover gezeigt hat, wie das echte deutsche und christliche Gewissen für Recht und Pflicht noch unser Volk beherrscht und das ist die Bürgschaft für unsere und Deutschlands Zukunft. Damit wollen wir in Treue und Geduld, nicht unthätig aber stille ausharren in der jetzigen Zeit der Demüthigung, wie unsere Väter ausharrten in den 10 Jahren der französischen Fremdherrschaft.

Denn wir wollen nicht verkennen, welche Demüthigung auf uns ruht und wie wir sie verdient haben. Die Sünden unserer Zeit, das zweifelnde Sorgen und Quälen um nichtige Dinge und den gottlosen Murren, Mäkeln und Schelten hat ja auch in unserem Lande gerade in öffentlichen Dingen die Herzen verwirrt und entsittlicht und den Patriotismus vergiftet. Wir reden hier nicht von den Demokraten und Nationalvereinlern; die nun einmal aus dem Kreisschluss ihrer Theorien und Parteidisciplin nicht hinauskönnen; sie haben längst, wie die Unabhängigkeit ihrer persönlichen Gesinnung den Zwecken der Partei, so die Unabhängigkeit und Freiheit unseres deutschen und hannoverschen Vaterlandes ihren Idealen untergeordnet; sie lieben ihr Vaterland nicht, wie es ist, sondern wie ein Jeder es sich im Kopfe zurecht denkt und die sittlichen Gesetze der Treue, des Rechts und der Ehre müssen den Principien der Doctrin und den Idealen der Zeitungs-wissenschaft weichen; da ist bald von Napoleonischen Ideen einer grossen Armee und seiner starken Centralgewalt, bald von Cavour'schen Grundsätzen der Nationalpflicht und Parlamentsregierung, bald von Küstenschutz und deutscher Flotte die Rede; das passt Alles zu der Bismark'schen Politik; aber solchen Idealismus kann man in der That weniger anklagen als bedauern. (Wir trauen freilich ihnen noch mehr Gewissen, Sinn für Recht und Patriotismus zu, als dass sie sich auf die Dauer von der Bismark'schen Politik gebrauchen liessen.) Wir reden vielmehr von denen und zu denen, die es mit König und Vaterland treu meinen wollen und da fragen wir: Ist es Patriotismus, ist es recht vor Gott und unserem Gewissen, wie wir gescholten und gemäkelt, räsonniert und ohne Kenntniss der Dinge abgeurtheilt haben in den letzten Jahren über Regierung und König, über den Deutschen Bund und unsere Bundesgenossen, über unsere eigenen Einrichtungen und unsere Nächsten?

Ist es denn nicht endlich einmal Zeit Gott zu loben und zu danken, für alle Liebe und geduld, womit Er, der die Völker regiert, uns vor so vielen anderen Ländern gesegnet und bewahrt hat? Ist nicht unser Land in ganz Europa, und in ganz Deutschland ausgezeichnet durch die Ordnung in seiner Verwaltung und Finanzen, durch die Sittlichkeit seiner Bevölkerung, durch das geordnete Maass seiner Freiheiten? *) Wir sagen nicht, dass Alles vortrefflich sei in unseren Zuständen, aber wir meinen, dass ein Jeder nur kritisire, wo er dazu berufen ist, mit Verständniss der Sache, mit Ernst und Nachsicht, und dass wenn er tadelt, er vor Allem daran denke, wie er selbst seiner Pflicht gegen Gott und seinem Berufe gegen seinen König, Vaterland und Mitmenschen nachgekommen ist und künftig nachzukommen hat. Und gerade im jetzigen Momente ist es ein schlechter Patriotismus und ein wahrer Landesverrath, das schwere Unglück, das über uns gekommen ist, zu vermehren und den schönen Enthusiasmus, der in den letzten Wochen und jetzt auch in dem allgemeinen Eifer für die Verwundeten und Hinterbliebenen der Gefallenen sich offenbart hat, zu verbittern, durch das unnütze Mäkeln und Schelten. Welch elendes Geschwätz muss man nicht immer wieder hören, von Solchen, die sich für echte Patrioten halten:

*) Unsere doctrinairen, zeitungsgebildeten Schwätzer meinen freilich, Hannover sei noch zurück in seinen Einrichtungen nach der constitutionellen Schablone. Sie sollten doch endlich einmal aus eigener Anschauung die Verwaltung unserer Gemeinden und Städte und ihrer freigewählten Beamten mit den büreuakratischen Einrichtungen der constitutionellen Musterstaaten vergleichen.

Die einen schelten, dass nicht früher gerüstet, die Anderen, dass nicht früher nachgegeben sei; die Dritten meinen wenigstens: Die Regierung musste wissen, dass es so kommen würde, Preussen musste zu seinem Kriege unser Land und unser Material haben. Freilich, dass Preussen die Mobilisirung nicht dulden, dass es wahrscheinlich Hannover besetzen würde, wurde allgemein vermuthet. Aber man konnte und durfte nicht voraussetzen, dass Hannover, obwohl es dem österreichischen Antrage auf Mobilisirung der ganzen Bundesarmee gegen die Preussen nicht zugestimmt und sich streng an die Bundesgesetze ohne alle thatsächliche Parteinahme gegen Preussen gehalten hatte, von diesem zum vollen Bundesbruch und zum unbedingten Anschluss an die erst wenige Tage vorher mitgetheilten, alle Verhältnisse Deutschland umwerfenden, auf ein demokratisches Parlament gegründeten Reformprojecte aufgefordert und dann binnen 12 Stunden, und theilweise schon vor der Kriegserklärung, von den feindlichen Heeren überfallen und mit ganzer Härte des Krieges behandelt werden würde. Und wenn die Regierung es auch vorhergewusst hätte? Soll der Bauer, der Arrondirungsgelüste seines reichen und mächtigen Nachbaren kennt, deshalb nicht ruhig in seinem Häuschen mehr schlafen dürfen?

Diese Sünden des Sorgens und Scheltens sind jetzt schlimmere Feinde als die Preussen, denn diese nehmen uns nur vorübergehend unser Hab und Gut, unsere äussere Freiheit und Selbständigkeit, jene aber zehren dauernd an unserm innersten Seelenleben, an unserer Gottesfurcht und Gottvertrauen, unserer Treue zum König, unserem Pflichteifer und Patriotismus. Dazu kommt dann noch die Leichtgläubigkeit, womit alles Geschwätz aufgefasst und wiederholt wird.

Gegenwärtig, wo unsere ganze Presse vom Feinde im Bunde mit einer demokratischen Clique überwacht und beherrscht wird, ist es doppelt nöthig, die Sinne nüchtern zu erhalten, um die Lüge von der Wahrheit zu scheiden. Und dabei haben wir uns selbst vor der Lüge zu hüten, die die Parteisucht, der Preussenhass zu verbreiten sucht. Hass und Parteiwesen sind überall giftige Elemente im öffentlichen Leben; christliche Völker sollen sich allein von Treue und Liebe zum Vaterland leiten lassen; das weckt im Momente der Gefahr den muthigen Enthusiasmus; Hass dagegen zeugt Fanatismus, in dem die Völker sich verzehren. Machen wir es nicht wie die Berliner Presse, welche in einem Chor, von der conservativen, die noch dasselbe Kreuz an ihrer Spitze trägt, unter dessen Zeichen sie vor wenigen Jahren die Cavour'sche Politik verdammte, bis zum Kladderadatsch herunter, die unter preussischer Gewalt leidenden deutschen Fürsten und Völker mit lügenhafter Verläumdung verfolgt. Halten wir uns vor Allem frei von jener schändlichen Blasphemie, womit die preussischen Conservativen ihre gegenwärtige Schwenkung zur Cavour'schen Politik und zum Bündnisse mit der Revolution zu decken und Bismark als einen Gottgesandten Mann, Preussens Armee als ein Kreuzheer darzustellen suchen. Wir wissen, dass in der Hand Gottes Alles Werkzeug ist, und dass der Herr auch den König von Babylon Seinen Knecht nannte, durch den Er die Völker züchtigen liess. Aber wir wissen auch, dass dieser Missbrauch des Namens Gottes, dieses Christenthum des Jrvingianer Wagner, in Preussen selbst auf die Dauer wenig Beifall finden wird.

Der preussische Commandant von Hannover gab jenem Berliner Christenthum eine treffende Antwort, als er die Bitte des Präsidenten unseres Landesconsistoriums, der hannoverschen Armee, die bei ihrem eiligen Abmarsche keinen Feldprediger hatte mitnehmen können, einen solchen nach senden zu dürfen, für eine „unerhörte Naivetät" erklärte. (General von Manteuffel, nach dessen Ankunft überhaupt Alles geschah, die preussische Gewalt minder drückend zu machen, hat später Erlaubniss erwirkt.) Gott der Herr hat von Völkern der Erde nur Eines zu Seinem auserwählten Volke berufen, das war Israel. Für alle anderen Völker, auch für Deutschland, giebt es nur ein Evangelium, dass Jesus Christus uns erlöst hat von unseren Sünden, nicht von den Sünden der Anderen, sondern einen jeglichen Menschen von seiner eigenen Sünde.

Also noch einmal: kein Missbrauch mit dem Namen Gottes; demüthigt euch, ohne Schelten, Sorgen und Hass, in treuer Pflichterfüllung und stillem Eifer für's Vaterland unter die Hand Gottes und werfet auf Ihn alle Sorge, auch die Sorge, was aus uns und unserem Vaterlande werden wird; Er hat's schon längst vorbedacht und wird zu Seiner Zeit erhöhen die, die sich haben demüthigen lassen.

**von Hodenberg**